Die **DaF** Bibliothek

Die Überraschung

A2/B1

Von Volker Borbein und Christian Baumgarten
Illustriert von Detlef Surrey

Die Überraschung

Volker Borbein und Christian Baumgarten
mit Illustrationen von Detlef Surrey

Lektorat: Pierre Le Borgne, Berlin
Layout: Annika Preyhs für Buchgestaltung
Technische Umsetzung: Klein & Halm Grafikdesign, Berlin
Umschlaggestaltung: Ungermeyer, grafische Angelegenheiten

Umschlagfoto: Corbis/© Klaus Vedfelt/Ocean/Corbis

www.cornelsen.de

1. Auflage, 4. Druck 2025

© 2016 Cornelsen Schulverlage GmbH, Berlin
© 2020 Cornelsen Verlag GmbH, Mecklenburgische Str. 53, 14197 Berlin,
E-Mail: service@cornelsen.de

Druck: Cornelsen Verlagskontor, Bielefeld

ISBN 978-3-06-120754-0

PEFC-zertifiziert
Dieses Produkt
stammt aus
nachhaltig
bewirtschafteten
Wäldern und
kontrollierten Quellen
PEFC/04-31-3871   www.pefc.de

Inhalt

Sie können diese spannende Geschichte auch über einen MP3-Player zu Hause, bei einer Auto-, Zug- oder Busfahrt anhören und genießen.

Personen

Auf einem Fest konfrontieren Amelie Schall und ihre Großmutter die Familie mit ungewöhnlichen Entscheidungen. Bricht die Familie auseinander?

Die Hauptpersonen dieser Geschichte sind:

Thomas Schall
59 Jahre. Ingenieur.
Er versteht die Welt nicht mehr. Er leidet.

Sarah Schall
57 Jahre. Lehrerin an einer Berufsschule.
Sie geht ihre eigenen Wege. Es kommt
zu Schwierigkeiten.

Amelie Schall
22 Jahre. Sie stürzt ihren
Vater in eine Krise.

Anna Schall
77 Jahre. Amelies Lieblingsgroßmutter
versetzt die Familie in großes Erstaunen.

Sebastian Schall
29 Jahre. Bruder von Amelie.
Er sieht seine Eltern nur noch
auf Familienfesten.

Antje Schall
28 Jahre. Frau von Sebastian.
Muss sie ihren Beruf aufgeben?

Einstein
Der Kater stand eines Tages
vor der Terrassentür.
Seitdem gehört er zur Familie.

Hans Glück
27 Jahre. Freund von Amelie.
Er unterrichtet Deutsch an der Uni.

Ort der Handlung: Berlin

Kapitel 1 | Unsicherheit

Nach der Arbeit trifft sich Amelie mit ihrer besten Freundin Hanna in einem Bistro.

„Amelie, wie siehst du denn aus? Was ist passiert? Hast du wieder Ärger in der Arbeit?"

5 „Nein. Überhaupt nicht. Alles läuft bestens."

„Was ist es dann? Hattest du Streit mit deinem Freund Hans?"

„Nein. Ich habe Hans in den letzten Tagen kaum gesehen. Er steckt in den Vorbereitungen mit seiner Studententhea-

10 tergruppe. In zwei Wochen ist Premiere." Amelies Stimme wird leiser. „Hanna, ich fühle mich nicht wohl in meiner Haut."

„Kannst du das bitte genauer erklären?"

„Ich bin mir überhaupt nicht mehr sicher, ob ich beruf-

15 lich auf dem richtigen Weg bin."

„Du willst doch nicht so kurz vor der Abschlussprüfung aufgeben!"

„Nein. Natürlich nicht. Aber wie soll es danach weiterge-hen? Du weißt, wegen meiner schlechten Noten im Abitur[1]

20 warte ich noch auf einen Studienplatz in Zahnmedizin. Um die Zeit zu überbrücken, habe ich eine Ausbildung als zahn-medizinische Fachangestellte begonnen. Die Ausbildung ist jetzt nach zwei Jahren zu Ende. Alles ist gut gelaufen, fast alles. Aber ich weiß nicht, ob ich wirklich Zahnmedizin

---

1 abschließende Prüfung an einem Gymnasium:
http://de.wikipedia.org/wiki/abitur

studieren will. Ich bin so was von unsicher. Ich kann meinen Eltern das alles nicht sagen. Meine Eltern springen im Dreieck[2]. Ich weiß echt nicht, was ich machen soll."

Hanna nimmt die rechte Hand von Amelie und hält sie fest.

„Rede mit deinen Eltern." 5

„Was könnte ich ihnen jetzt sagen? Ich habe große Angst, sie zu enttäuschen. Außerdem haben sie selber Probleme."

„Welche Probleme?"

„Darüber möchte ich …" Amelie wird durch das Summen ihres Handys[3] unterbrochen. „Entschuldige, Hanna. Es ist 10 Hans." Sie steht auf und geht vor die Tür. Auch beste Freundinnen haben ihre kleinen Geheimnisse.

Als Amelie zurückkommt, erwartet sie eine neugierige Hanna.

„Und?" 15

„Er bittet mich, ihn morgen zu den Proben des neuen Stücks des Studententheaters zu begleiten."

„Prima. Das bringt dich auf andere Gedanken. So. Und jetzt reden wir über mich", sagt Hanna mit einem Lachen und bestellt neue Getränke. 20

---

2 sehr aufgeregt sein
3 Mobiltelefon

Kapitel 2 | Begeisterung[4]

Die Arbeit in der Zahnarztpraxis Dr. Lücke-Wurzel geht
Amelie leicht von der Hand. Sie arbeitet wie eine ausgelernte
Zahnarzthelferin. Sie erledigt alle Aufgaben. Ihr Verhältnis
zu der dienstältesten Mitarbeiterin Helga Dunkel hat sich
5 fast normalisiert. Frau Dunkel hat Amelie jetzt akzeptiert
und beide kommen miteinander aus[5].
Amelie denkt immer mehr an ihre Abschlussprüfung. Sie
bereitet sich gewissenhaft darauf vor. Amelie möchte ihre

---

4 Gefühl großer Freude
5 siehe „Die Entscheidung": *www.cornelsen.de/daf-bibliothek*

Eltern nicht enttäuschen. Für die Eltern steht fest, dass ihre Tochter Zahnärztin wird.

Amelie freut sich auf den Abend mit Hans. Immer wieder schaut sie auf ihre Uhr. Endlich ist es soweit. Um 18.30 Uhr verlässt sie die Praxis. Eine halbe Stunde später ist sie in der 5 Uni. Nach der Probe der Theatergruppe verlassen Amelie und Hans die Universität.

„Und? Was denkst du, Amelie? Wie kommt das Stück bei dir an?"

Amelie schweigt. So viele Dinge gehen ihr durch den Kopf. 10 Sie war längere Zeit nicht im Theater. Jetzt merkt sie, wie sehr ihr das Theater gefehlt hat. Sie drückt sich noch enger an ihren Freund. Noch immer sagt sie kein Wort. Und dann sprudelt[6] es aus ihr heraus.

„Für mich hat sich heute eine völlig neue Welt aufgetan. 15 Es wurden so viele Sätze gesagt, so viele Gedanken geäußert, die ich alle wiedererkenne. Ich hatte den Eindruck, dass das meine Sätze, Worte, Gedanken waren. Am liebsten wäre ich auf die Bühne[7] gegangen und hätte mitgespielt. Manchmal habe ich Sätze mitgesprochen. Ich kenne das Stück aus dem 20 Deutschunterricht in der Schule. In der letzten Klasse haben wir es in der Volksbühne[8] gesehen. Ich habe mich damals lange mit dem Regisseur unterhalten und dann meine Jahresarbeit darüber geschrieben. Ich bekam fünfzehn Punkte[9]! Ach, das waren Zeiten. Damals wollte ich zum Theater. 25

---

6   vor Begeisterung schnell und viel sprechen
7   Fläche im Theater, auf der die Schauspieler spielen
8   Theater in Berlin: *www.volksbuehne-berlin.de*
9   die beste Note in einem Zeugnis

Hans, verstehst du, das ist ein wichtiger Abend für mich. Ich denke darüber nach, ob das, was ich bisher beruflich gemacht habe, richtig ist."

Hans fühlt die Aufregung seiner Freundin. So energisch, so
5 voller Stärke und Willenskraft, hat er sie noch nie erlebt.

„Amelie, soll ich dich nach Hause bringen oder gehen wir zu mir?"

„Zu dir. Ich brauche jetzt jemanden, mit dem ich sprechen kann."

10 In dieser Nacht redet sich Amelie alles von der Seele[10]. Und sie spricht zum ersten Mal über ihre Erlebnisse mit ihrem damaligen Freund Daniel. Dann hört sie auf zu sprechen. Hans beugt sich über sie. Amelie ist eingeschlafen. Hans deckt sie liebevoll zu und küsst sie auf die Stirn. Er stellt den
15 Wecker auf 6 Uhr und macht das Licht aus. In seinen Armen liegt Amelie. Hans denkt über die Zukunft nach.

10 sagen, was einem Sorgen macht, damit man sich danach besser fühlt

Kapitel 3 | Verdacht

Es ist Freitagnachmittag. Amelie sitzt zu Hause in der Küche.
Die Mutter ist noch in der Schule. Amelie möchte mit ihrem
Vater über das Familienfest reden, ein Fest zur Abschluss-
prüfung von Amelie.

„Vater, was ist los mit dir? Du bist so ruhig. Ich erkenne dich 5
kaum wieder. Ist irgendetwas mit dir und Mutter?"
Der Vater schaut aus dem Fenster.

„Ach nichts, frag deine Mutter. Wie weit bist du mit deinen Prüfungen?"

„Die schriftliche Prüfung ist gut gelaufen. Heute in einer 10
Woche findet die praktische Prüfung statt. Sie dauert eine
Stunde. Und dann, ja dann bin ich mit der Ausbildung fertig.
Heute war ich übrigens zum letzten Mal in der Berufsschule.
Das ist schon ein komisches Gefühl."

„Mein Gott, wie die Zeit vergeht. Und in Kürze beginnt dein Studium. Ich bin stolz auf dich", sagt der Vater und nimmt seine Tochter in den Arm.

Die Haustür geht auf. Die Mutter kommt herein.

5 „Du bleibst doch zum Kaffee? Ich habe Kuchen mitgebracht. Oder gehst du wieder zur Theaterprobe?"

„Ja, aber erst später. Ich habe noch etwas Zeit. Ich habe schon mit Vater gesprochen. Wo ist er denn? Eben war er noch hier."

10 „Er ist bestimmt in seinem Arbeitszimmer. In letzter Zeit sitzt er jede freie Minute an seinem Computer."

„Stimmt mit euch etwas nicht? Vater ist ganz anders als sonst."

„Das geht schon wieder vorbei. Es ist nichts." Die Mutter 15 wechselt schnell das Thema. „Weißt du schon, wann du die praktische Prüfung hast?"

Amelie wiederholt, was sie bereits ihrem Vater gesagt hat.

„Nächste Woche bringe ich zum Familienfest mein Zeugnis und meine Urkunde mit. Ich bin wirklich froh, dass ich jetzt 20 mit der Ausbildung fertig bin." Amelie schaut die Treppe hinauf und ruft: „Vater, komm doch zu uns. Der Kaffee ist fertig."

Langsam kommt der Vater die Treppe herunter. „Was willst du am nächsten Samstag kochen, Vater?"

25 „Ich bin mir noch nicht sicher. Wenn du einen Wunsch hast, dann lass ihn mich bitte jetzt wissen."

„Ich möchte so gerne mal wieder deine Lachsforelle[11] essen. Du machst immer eine so gute Sauce dazu. Oh ja,

---

11 schmackhafter Speisefisch: *http://de.wikipedia.org/wiki/lachsforelle*

Lachsforelle und dazu frischen Spinat[12]. Und zum Nachtisch eine Bayerische Creme[13]."

„Und was möchtest du als Vorspeise?"

„Ich weiß nicht so recht. Deine Salate sind super."

„Lass dich überraschen." 5

Amelie umarmt ihren Vater. Ein Lächeln geht über sein Gesicht. „Na gut. Wenn du das möchtest. Für dich tue ich alles", sagt der Vater und sieht seine Frau dabei von der Seite an.

„Prima. Ich freue mich schon. Wird Großmutter kom- 10 men?"

„Mein Gott, ich habe ganz vergessen, meine Mutter anzurufen."

„Deiner Mutter geht es gut. Ich habe mit ihr telefoniert. Ihre Stimme klang fröhlich. Sie hat eine Überraschung für 15 uns. Mehr wollte sie am Telefon nicht sagen. Du weißt ja, wie deine Mutter ist. Wir alle können sehr gespannt sein, was sie uns zu erzählen hat."

12 Gemüse aus breiten grünen Blättern
13 *http://de.wikipedia.org/wiki/bayrische_creme*

Kapitel 4 | Schwierigkeiten

Es ist Donnerstagabend. In zwei Tagen findet das Familienfest statt. Thomas Schall sitzt an seinem Schreibtisch. Er
sucht ein neues Rezept für die Bayerische Creme. Seine Frau
ist in den Tanzkurs in die Volkshochschule gegangen. Ohne
5 ihn. Seit sie ihren Schulfreund Bernd wiedergetroffen hat,
geht sie zwei Mal in der Woche mit Bernd in einen Tanzkurs.
Ohne ihren Ehemann.

„Ich arbeite den ganzen Tag. Der Stress in der Arbeit wird
immer größer. Ich bin froh, wenn ich am Abend meine Ruhe
10 habe", sagte er seiner Frau. Sie glaubt ihm das nicht.

„Auch ich arbeite den ganzen Tag in der Schule. Seit die Kinder aus dem Haus sind, leben wir aneinander vorbei. Stumm sitzen wir abends vor dem Fernseher. Wir essen nur noch am Wochenende gemeinsam. Ins Kino gehen wir schon lange nicht mehr. ‚Das muss nicht sein‘, ist deine Ant- 5 wort. Außer dem Spaziergang am Sonntag unternehmen wir nichts mehr gemeinsam. Ich will noch etwas vom Leben haben. Wenn du nicht mit zum Tanzen gehst, dann gehe ich eben mit Bernd. Du kennst ihn und du weißt, dass wir uns gut verstehen.“ 10

Das waren die Worte seiner Frau. Nun kommt er nach Hause und das Haus ist leer, wie ausgestorben. Amelie wohnt meistens bei ihrem Freund. Manchmal schläft sie in ihrem alten Zimmer, wenn sie mal allein sein will. Der ältere Bruder von Amelie, Sebastian, hat seine eigene Familie. 15 Er kommt nur noch zu Familienfesten in die elterliche Wohnung.

„Ja, es ist einsam ohne die Kinder geworden“, sagt Thomas halblaut zu sich selbst. „Es ist richtig, dass wir uns kaum noch etwas zu erzählen haben. Was erwartet meine Frau 20 von mir? Wir sind über dreißig Jahre zusammen. Immer will sie etwas unternehmen. Ich bin keine zwanzig mehr und will es auch nicht mehr sein. Ich will meine Ruhe. Soll sie doch mit ihrem Bernd zum Tanzen gehen.“

Kater Einstein springt auf den Schreibtisch und läuft über 25 die Tastatur[14]. „Wenigstens einer, der mich noch mag und zu mir hält.“

---

14 Tasten eines Computers

Kapitel 5 | Vorbereitungen

Amelie verbringt die Nacht in der elterlichen Wohnung. Sie möchte am nächsten Morgen bei den Vorbereitungen für die große Feier ihrer Mutter behilflich sein. Amelie fühlt sich wohl in ihrem alten Zimmer. Am Fußende des Bettes hat es
5 sich Kater Einstein bequem gemacht.
Trotz der Vertrautheit[15] hat Amelie an diesem Abend Schwierigkeiten einzuschlafen. Sie macht sich Sorgen um ihre Eltern. Sie will unbedingt herausfinden, was in der Beziehung ihrer Eltern schief läuft. Wie kann, wie soll sie mit den
10 Eltern darüber sprechen? Hat sie überhaupt ein Recht dazu? Und wie werden ihre Eltern mit der Neuigkeit[16] umgehen, die Amelie am nächsten Tag beim Essen verkünden[17] wird?

15 *hier:* gewohnte (bekannte) Umgebung
16 eine neue Information
17 bekanntgeben, öffentlich sagen

„Alles wird gut", sagt sich Amelie mehrere Male bevor sie in den Schlaf sinkt.

Am nächsten Morgen wacht Amelie auf. Sie sieht aus dem Fenster. Es ist ein herrlicher spätsommerlicher Tag, Ende August. Wenige Wolken am Himmel wirken wie lustige 5 Farbtupfer[18]. Ein schwacher warmer Wind bewegt leicht die Bäume im Garten. Vögel zwitschern[19]. Kater Einstein weiß nicht genau, wem er seine besondere Aufmerksamkeit schenken soll. Seine Ohren sind in ständiger Bewegung.

Nach dem Frühstück hilft Amelie ihrer Mutter. Zusammen 10 räumen sie auf und säubern die Wohnung. Thomas Schall ist unterwegs zum Markt und zum Fischladen.

„Essen wir in der Wohnung oder auf der Terrasse? Was ist dir lieber, Amelie?"

„Bei diesem schönen Wetter im Garten. Lass uns den 15 Esstisch nach draußen tragen."

Amelie widmet[20] sich mit Liebe und viel Sinn für das Detail dem Arrangement der Teller, Gläser, Servietten und des Bestecks. In die Mitte des Tisches stellt sie eine große Vase mit Blumen der Jahreszeit. Und sie stellt zwei alte Kerzen- 20 ständer auf die linke und rechte Seite des Esstischs. Sie waren Teil eines Hochzeitsgeschenks ihrer Großmutter an die Eltern. „Großmutter wird das bestimmt freuen", denkt Amelie. Auch die Mutter ist mit dem Ergebnis des festlich gedeckten Tischs zufrieden. Sie nimmt die Tochter in ihre 25 Arme.

18 bunte Farbkleckse
19 singen
20 sich beschäftigen

Kapitel 6 | Probleme

„Ich möchte dich was fragen, Mutter. Vielleicht ist jetzt nicht der richtige Augenblick dafür, so kurz vor dem Familientreffen. Aber ich muss es endlich loswerden: Gibt es Spannungen[21] zwischen dir und Vater? Ihr verhaltet euch

5 seit einiger Zeit so merkwürdig. Ihr geht euch aus dem Weg. Wenn ihr miteinander sprecht, höre ich immer einen gereizten[22] Ton heraus. Vater hat auch so eine Andeutung gemacht in Richtung Freund oder sogar Liebhaber. Mutter, ist da was dran?"

21 Uneinigkeit
22 verärgert, böse

Amelie hat die Hände ihrer Mutter genommen und sieht ihr direkt in die Augen.

„Kind, wie soll ich das erklären? Schau mal. Als dein Bruder und du das Haus verlassen hattet, um eure eigenen Wege zu gehen, wussten wir zuerst mit unserer Zeit wenig anzufangen. Plötzlich hatten wir Zeit für uns. Aber die nutzten wir nicht. Wir sprachen wenig miteinander. Eine schwierige Situation. Und genau in dieser Zeit traf ich einen Schulkameraden wieder, mit dem ich früher öfter zusammen war. Wir haben uns sofort wieder gut verstanden. Wir haben über alte Zeiten geredet, wir haben uns zwei, drei Mal im Café verabredet. Und wir besuchen zweimal in der Woche einen Tanzkurs in der Volkshochschule. Weißt du, Amelie, ich habe das Gefühl, dass sich wieder jemand für mich interessiert. Wenn ich mit Bernd zusammen bin, fühle ich mich wieder als Frau. Verstehst du, was ich damit meine?"

„Nein, Mutter, so ganz verstehe ich das nicht. Du liebst doch Vater!"

„Ja, natürlich. Aber ..."

„Aber was?"

„Er beachtet mich kaum noch. Vor kurzer Zeit habe ich mir ein neues Kleid gekauft. Glaubst du, dein Vater hat das bemerkt? Ich habe manchmal den Eindruck, dass er mich als etwas wahrnimmt[23], das zum Haus gehört. Ich mache sauber, wasche, bügle[24], kaufe ein, koche. Weißt du, was dein Vater mir letztes Jahr zum Geburtstag geschenkt hat? Ein Bügeleisen und eine Waage!" Sarah Schall schüttelt den Kopf. „Amelie, ich weiß doch selbst nicht, wie das weitergehen soll."

23 zur Kenntnis nehmen
24 Wäsche mit dem Bügeleisen glätten, z. B. Hemden mit einem Bügeleisen glatt machen

„Mutter, sprecht miteinander!"

„Das sagt sich so einfach." Sarah Schall gibt sich einen Ruck[25]. „Gut. Nächste Woche rede ich mit deinem Vater. Danke, Amelie. Schön, dass eine Tochter auch eine Freundin sein kann. Und jetzt wieder an die Arbeit. Unsere Gäste kommen bald."

„Und ich helfe Vater in der Küche. Ein perfekter Rollentausch, oder?"

Sarah lacht.

„Weißt du, womit uns deine Großmutter heute überraschen will?"

„Nicht genau. Aber ich habe so eine Ahnung[26]."

„Spann mich nicht auf die Folter[27]. Welche Ahnung?"

„Die Überraschung hängt bestimmt mit ihrem Freund zusammen. Warten wir ab. Bald wissen wir mehr."

25 sich selbst Mut machen
26 Vermutung
27 die Spannung bei jemandem immer größer werden lassen

Kapitel 7 | Schock[28]

Um 13 Uhr sitzt Familie Schall bei herrlichem sommer-
lichem Wetter am festlich gedeckten Tisch auf der Terrasse.
Thomas Schall hört nur Komplimente über das gelungene
Menü. Er winkt bescheiden ab, ist aber sehr stolz auf seine
Kochkünste. Die Stimmung ist prächtig. Es wird viel erzählt 5
und noch mehr gelacht.
Bevor der Nachtisch serviert wird, bittet Anna Schall um das
Wort.
„Amelie, ich gratuliere dir zu deinem hervorragenden Zeug-
nis. Die letzten zwei Jahre waren nicht immer leicht für dich. 10
Entscheidend ist, dass du private und berufliche Schwierig-
keiten gemeistert[29] hast. Nun beginnt nach der Ausbildung
ein neuer Lebensabschnitt für dich."

---

28 plötzliches Erschrecken
29 Probleme lösen

Anna macht eine kleine Pause. „Für mich auch." Die Großmutter sieht der Reihe nach ihre Familie an. Sie sieht in
erstaunte Gesichter. Anna genießt[30] diesen Moment.

„Ein neuer Lebensabschnitt? Mutter, wie darf ich das ver-
5 stehen?", fragt ihr Sohn besorgt. Thomas ist Einiges von seiner Mutter gewohnt.

„Ganz einfach. Ich heirate."

„Wie bitte?"

„Ich heirate in zwei Monaten. Ihr seid alle herzlich ein-
10 geladen."

Thomas ist sprachlos. Sarah kann sich ein Lächeln nicht verkneifen[31]. Antje sieht ihren Mann ungläubig an.

„Großmutter, ist das der Mann, von dem du mir bei
unserem letzten Treffen in Kassel erzählt hast?" fragt Amelie.
15 Anna Schall lacht.

„Nein. Mein zukünftiger Mann ist ein paar Jahre jünger."

„Klasse", sagt Amelie.

Thomas sitzt ohne Bewegung vor seinem Nachtisch. Es hat
ihm die Sprache verschlagen[32]. Er sucht die Hand seiner
20 Frau. Antje und Sebastian sehen in den blauen Himmel. Ihre
Tochter Emma hat nur Augen für Einstein. Amelie bewun-
dert, wie ihre Großmutter in ihrem Leben das tut, was sie
tun möchte. Die Großmutter gibt ihr Kraft. Und genau diese
Kraft braucht Amelie jetzt.
25 Amelie steht auf. Ihre rechte Hand hält die linke Hand von
Anna. Amelie bittet um Aufmerksamkeit.

---

30 an etwas Freude haben
31 sich etwas nicht verkneifen können: etwas tun müssen
32 so überrascht sein, dass man nichts mehr sagen kann

„Vielen Dank für das tolle Essen und die lieben Worte von euch zu meinem Abschluss. Aber ...“ Amelie macht eine kleine Pause und sieht ihre Eltern an. Die Mutter sitzt mit halboffenem Mund da und wartet ungeduldig auf die Fortsetzung der Rede. Der Vater wischt mit einem Taschen-tuch Schweißperlen[33] von seiner Stirn. „Auch ich möchte euch heute eine wichtige Entscheidung mitteilen. Es fällt mir nicht leicht, euch damit zu überfallen[34]. Aber es muss sein.“ Sarah Schall rückt unruhig auf ihrem Stuhl hin und her. Antje und Sebastian sehen sich fragend an. Die Großmut-ter drückt Amelies Hand. „Ich studiere keine Zahnmedizin. Das ist nicht der richtige berufliche Weg für mich. Ich will Theaterwissenschaften studieren. Und nächste Woche beginne ich an der Volksbühne mein Praktikum. So, das wollte ich euch sagen.“

Amelie setzt sich und trinkt ein Glas Wasser. Sie fühlt sich erleichtert. Thomas glaubt nicht, was er gerade gehört hat. Seine Frau versucht ihn zu beruhigen.

„Das ist eine Spinnerei[35] unserer Tochter. Du kennst sie ja. Das geht vorbei. Bitte, lass uns später darüber reden.“ Sebastian steht auf.

„Auch wir haben eine Neuigkeit. Antje erwartet Zwil-linge.“

Thomas Schall trinkt einen Cognac. Und danach noch einen.

---

33 salzige Flüssigkeit in Form von Tropfen
34 *hier:* plötzlich mit einer Neuigkeit konfrontieren
35 eine Idee oder eine Sache, die man für sinnlos und unvernünftig hält

Kapitel 8 | Sorgen

Thomas Schall verlässt die Festtafel und geht in sein Arbeitszimmer. Er braucht jetzt unbedingt Zeit und Ruhe, um nach-
zudenken. Thomas fühlt sich von der Familie allein gelassen.
Alleingelassen und überfordert. Er sieht nur noch Probleme.
5 „Was wird aus meinem Erbe[36]? Was wird aus Amelie?"
Unruhig läuft er im Zimmer umher. Vom Computer zum
Fenster und vom Fenster zum Computer. Kalter Schweiß ist
auf seiner Stirn.

---

36 der Besitz, der nach dem Tod einer Person an die Verwandten
weitergegeben wird

„Ich schaffe das alles nicht mehr", stöhnt[37] er leise vor sich hin. Thomas ist müde geworden. Er setzt sich vor den Computer und legt seinen Kopf auf die verschränkten Arme. Er schläft ein. Das Klopfen an der Tür weckt ihn auf. Seine Mutter kommt herein. 5

„Da bist du ja, mein Junge. Warum bleibst du so lange weg? Weißt du, wie spät es ist?" Thomas schaut auf die Uhr. Er hat zwei Stunden geschlafen! „Nun komm schon. Alle warten auf dich."

Thomas zögert. 10

„Ach Mutter!" Anna nimmt ihren Sohn in die Arme. Sie beruhigt ihn.

„Ich weiß doch, was du auf dem Herzen hast. Mach dir keine Sorgen. Ich habe alles zu deinen Gunsten[38] geregelt. Mein Lebensgefährte weiß, dass mein Haus, dein Elternhaus 15 dir gehören wird, wenn ich nicht mehr bin. Aber damit lassen wir uns noch Zeit, mein lieber Junge", sagt die Großmutter mit einem spitzbübischen Lächeln.

„Mutter, ich mache mir auch Sorgen um Amelie. Es kann doch nicht sein, dass sie von heute auf morgen ihre Pläne 20 ändert. Theaterwissenschaften studieren oder Schauspielerin werden! Eine brotlose Kunst. Ein Studium ohne Perspektive. Ich werde das Studium nicht bezahlen. Ich bin nicht mehr der Jüngste."

„Junge, mach dir keine Sorgen um Amelie. Sie wird ihren 25 Weg schon gehen. Und falls er falsch sein sollte, lass deine Tochter ihre eigenen Fehler machen. Wir waren in unserer Jugend doch auch nicht anders. Ich erinnere dich an ..."

37 klagen
38 Vorteil

„Lass gut sein, Mutter", wehrt[39] Thomas ab, „ich weiß, was du sagen willst." Manche Erinnerungen sind Thomas unangenehm.

Gemeinsam gehen Mutter und Sohn Arm in Arm zurück zu
5 den anderen auf die Terrasse. Die angezündeten Kerzen leuchten. Anna Schall wischt eine Träne[40] weg.

39 ablehnend reagieren
40 Wassertropfen, die aus den Augen kommen

Kapitel 9 | Erwartungen

„Wohin möchten Sie?"

Die Stimme kommt aus der Pförtnerloge des Theaters. Ohne Anmeldung kommt niemand am Pförtner[41] vorbei.

„Ich habe einen Termin bei dem Regieassistenten Herrn Hauptmann. Um 10.15 Uhr."

„Augenblick bitte." Der Pförtner sieht nach. „Tut mir leid. Herr Hauptmann hat einen dringenden Termin außerhalb. Er ist in zwei Stunden wieder im Haus. Sie sind Frau Schall?"

Amelie nickt.

5

---

41 Person, die beruflich den Eingang eines Gebäudes bewacht

„Sie können in seinem Büro oder in der Kantine warten. Oder später wiederkommen."

„Ich gehe in die Kantine." Amelie möchte wenigstens Theaterluft schnuppern.

5 Plötzlich geht die Kantinentür auf. Ein Mann Mitte Dreißig mit schwarzer Brille und schwarzem Anzug betritt mit zwei gutaussehenden schwarz gekleideten Frauen die Kantine. Die Frauen sind sehr beschäftigt. Eine telefoniert, die andere schreibt auf, was ihr der Mann im schwarzen Anzug sagt.

10 Der Mann grüßt anwesende Schauspieler mit einer Handbewegung. Eine Schauspielerin steht auf. Sie geht auf ihn zu und küsst ihn auf die Wangen[42]. „Herr Hauptmann, ich freue mich wahnsinnig auf unsere Zusammenarbeit."

Herr Hauptmann schiebt sie zur Seite und erwidert ohne sie

15 anzusehen: „Ja, ich auch", und geht weiter. In der Mitte der Kantine nimmt er Platz und schickt seine Mitarbeiterin zum Kaffeeholen. „Bitte den Kaffee nicht zu heiß, mit ein wenig Milch und einem halben Löffel Zucker. Vergiss das nicht."

Amelie sitzt am Nebentisch. Sie ist beeindruckt. Sie fühlt

20 sich klein und unbedeutend. Wie soll sie Herrn Hauptmann ansprechen? Amelie nimmt ihren ganzen Mut zusammen.

„Entschuldigen Sie, Herr Hauptmann, ich bin …" Die Mitarbeiterin kommt mit dem Kaffee zurück. Sie stellt den Kaffee auf den Tisch. Sie schaut Amelie an.

25 „Ach, Sie sind sicher Amelie Schall. Mein Name ist Evelyn Flamme. Ich bin für die Praktikanten zuständig. Herr Hauptmann hat jetzt keine Zeit für Sie. Er hat einen Termin mit dem Regisseur.

Um ehrlich zu sein, wir haben eigentlich noch keine Arbeit für Sie. Aber morgen sehen wir weiter. Kommen Sie um 9 Uhr in den Probenraum. Bitte pünktlich. Die Proben beginnen morgens um 10 Uhr und gehen bis mittags 14 Uhr und abends von 18 Uhr bis 22 Uhr. Bezahlen können wir Ihnen 5 im ersten Praktikum nichts. Also bis morgen früh." Evelyn Flamme fasst Amelie am Arm und zeigt mit der Hand auf den Ausgang.

Kapitel 10 | Alltag

Amelie verlässt die Kantine. Wie versteinert steht sie vor
dem Theater. „Herr Hauptmann hat keine Zeit für Sie. Wir
haben eigentlich keine Arbeit für Sie. Aber wir werden schon
etwas finden. Bezahlen können wir im ersten Praktikum
5 nichts." Diese Worte gehen ihr nicht aus dem Kopf. So hat
sich Amelie das Theater nicht vorgestellt.
Pünktlich ist Amelie am nächsten Morgen im Probenraum.
Die Regieassistentin ist schon da.
„Guten Morgen, Amelie. Wir duzen uns, einverstanden?
10 Schließlich arbeiten wir jetzt alle zusammen."
Amelie nickt. Das fängt doch schon mal gut an.

„Ich teile dir die Arbeit zu. Du kannst dich ganz auf mich verlassen."

Amelie sitzt während der Proben neben der Regieassistentin. Sie schreibt auf, was auf der Bühne geschieht, wo die Schauspieler, wo die Kulissen[43] stehen, welche Wege die Schauspieler auf der Bühne gehen. Manchmal macht sie kleine Musik- oder Geräuscheinspielungen. Sie hilft auch dabei, Kulissen auf der Bühne zu verschieben. Und sie holt aus der Kantine heißen Kaffee, manchmal mit, manchmal ohne Zucker und Sahne.

Am Abend nach der Probe gibt ihr die Regieassistentin das Textbuch.

„Bitte schreib bis morgen früh die neue Fassung. Streich raus, was ich durchgestrichen habe und füge die handgeschriebenen Sätze ein."

Amelie sitzt nach der Probe zuhause am PC und bearbeitet die neue Textfassung. Amelie tut, was man ihr sagt. Von morgens bis abends und auch bis in die Nacht. Amelie funktioniert.

Am Abend vor der Premiere dauern die Proben besonders lange. Nach dem Ende der Proben nimmt sie die Regieassistentin bei Seite.

„Du warst tapfer! Du bist zuverlässig und lernst schnell. Ohne Proteste hast du auch nachts gearbeitet. Das ist eine wichtige Eigenschaft." Amelie schöpft Hoffnung. „Überleg dir gut, ob deine berufliche Zukunft im Theater liegt. Schau mal. Ich bin seit einem Jahr mit dem Studium fertig. Das hier ist jetzt mein viertes Praktikum am Theater. Hoffnung auf eine

---

43 Dekorationsstücke auf der Bühne; Gegenstände, die darstellen, wo die Handlung spielt

feste Anstellung gibt es nicht. Ich mache die Arbeit gerne. Aber ohne Geld? Nächsten Monat beginne ich im Betrieb meines Vaters zu arbeiten", sagt die Regieassistentin und fügt mit einem Seufzer hinzu: „Wenn nicht noch ein Wunder
5 geschieht."
Nachdenklich verlässt Amelie spät in der Nacht das Theater.

Kapitel 11 | Verzweiflung[44]

Thomas stellt sich das Gesicht seiner Frau vor, wenn er sie vom Tanzkurs abholt. Thomas hat lange nachgedacht und in sich reingehört. Er hat sich entschlossen, um seine Frau zu kämpfen und vor allem sich zu ändern. Der Tanzkurs endet um 21 Uhr, so hat es ihm zumindest seine Frau vor einiger 5 Zeit erzählt.

Um 20.50 Uhr steht Thomas Schall mit einem Blumenstrauß in der Eingangshalle der Volkshochschule. Er sieht um sich. Sein Blick fällt auf eine Tafel. Thomas erstarrt[45].

44 Hoffnungslosigkeit
45 sich nicht mehr bewegen können

„Das träume ich doch nur", sagt er laut. Er geht näher an die Tafel. „Der Tanzkurs fällt heute wegen Erkrankung des Kursleiters aus." Sein schlimmster Verdacht hat sich bestätigt. Für ihn bricht eine Welt zusammen. „Das ist sicherlich nicht

5 das erste Mal, dass der Kurs ausfällt", denkt er. „Was tut mir meine Frau da nur an?" Thomas ist verzweifelt.

Er fühlt sich plötzlich müde, unsagbar müde. Er weiß nicht mehr, was er denken, glauben oder fühlen soll. In seinem Kopf ist Chaos. Im Zeitraffer laufen die letzten drei Jahr-

10 zehnte an ihm vorbei: seine große Liebe Sarah, gemeinsame Pläne, Wünsche, Hoffnungen, Heirat, Geburt der Kinder, Krankheiten der Kinder, Nächte ohne Schlaf. Und dann ist in Thomas eine große Leere. Als er wieder zu sich kommt, steht er vor seinem Haus. Er findet seinen Hausschlüssel nicht.

15 Er klingelt. In seiner Hand ist immer noch der Blumenstrauß. Seine Frau steht vor ihm.

„Du hier?", stammelt Thomas.

„Was ist denn los mit dir, Thomas? Du zitterst[46] ja!" Ungläubig sieht Thomas seine Frau an. „Der Tanzkurs ist

20 heute ausgefallen. Ich habe die Gelegenheit genutzt, unsere Tochter zu besuchen. Wir haben uns unterhalten. Sie grüßt dich. Aber sag mal, was hast du denn gerade gedacht?"

Thomas ist sprachlos. Er nimmt seine Frau in die Arme. Ein großer, sehr großer Stein ist ihm vom Herzen gefallen.

25 „Sind die Blumen für mich oder für deine Freundin?", scherzt Sarah.

„Sarah, wir müssen reden. Ich habe dir so viel zu sagen." Es wird eine lange Aussprache.

---

46 schnelle, unkontrollierte Bewegungen machen (z. B. wenn man friert oder Angst hat)

Kapitel 12 | Zwischenstation

Hans macht sich Sorgen um seine Freundin. Seitdem sie als Regiehospitantin am Theater arbeitet, ist Amelie hektisch[47] geworden. Sie hat oft Alpträume[48]. Und was Hans am meisten stört: Seine Freundin hat kaum noch Zeit für ihn. Wenn

5 sie eine Verabredung abends haben, kommt immer etwas dazwischen: mal dauern Proben bis tief in die Nacht, mal ist sie ganz einfach zu müde und will nur noch schlafen.

47 aufgeregt, unruhig
48 schlechte Träume

Je näher die Premiere rückt, desto unausstehlicher[49] wird Amelie.

„Amelie, so kann das nicht weitergehen. Die Arbeit im Theater frisst dich auf. Wir haben kaum noch Zeit für uns und es gibt nur noch ein Gesprächsthema. Alles dreht sich um das Theater. Nimmst du mich überhaupt noch wahr? Obwohl wir zusammen wohnen, leben wir nebeneinander."
Amelie erschrickt. Sie denkt unwillkürlich an die Schwierigkeiten ihrer Eltern.

„Entschuldigung, Hans. Komm, halte mich fest, ganz fest." Nach einer Weile sagt sie leise: „Irgendetwas stimmt nicht. Mit meinem jetzigen Leben bin ich nicht zufrieden. Vielleicht ist meine Entscheidung für das Theater falsch. Oder die Erwartungen, die ich an das Theater habe. Ich muss das selbst herausfinden. Ich bitte dich um Geduld. Gib mir noch etwas Zeit bis zur Premiere. In ein paar Tagen weiß ich mehr."

„Ist doch kein Thema, Schatz. Sag mir nur, wenn ich dir helfen kann."

„Das tust du doch schon. Du gibst mir Kraft. Hans, ich liebe dich."

„Ich dich auch, Amelie."
An diesem Abend nehmen sie sich viel Zeit füreinander.
Die Premiere war ein großer Erfolg. Aber Amelie war enttäuscht. Niemand ließ sie an dem Erfolg teilhaben, niemand dankte ihr für ihren unermüdlichen Einsatz. Amelie wird nachdenklich. Einige Tage nach der Premiere besucht sie mit Hans ihre Eltern.

49 sehr unfreundlich

„Wollt ihr verreisen oder was bedeuten die gepackten Koffer?", fragt Amelie erschrocken ihre Eltern.

„Wir wollten dich heute Abend anrufen, um es dir zu sagen. Wir machen eine Woche Urlaub. Wir wollen einmal
5 ganz für uns allein sein", antwortet Thomas mit einem Strahlen in den Augen.

„Und ich habe auch eine Überraschung für euch", sagt Amelie geheimnisvoll.

„Ach, liebe Tochter, deine Überraschungen kennen wir.
10 Welche ist es denn dieses Mal?" fragt der Vater. Thomas Schall stellt sich dicht neben seine Frau.

„Rede. Wir sind auf alles gefasst⁵⁰."

„Ich habe mit dem Theater Schluss gemacht. Im nächsten Semester studiere ich Zahnmedizin."

15 „Augenblick mal, Amelie", sagt Hans. „So ganz stimmt das nicht mit dem Theater."
Die Freude der Eltern über die Entscheidung ihrer Tochter ist plötzlich verschwunden. Hans fügt schnell hinzu: „Amelie wird im Studententheater mitmachen!"
20 Der Vater verlässt das Wohnzimmer. Mit einer Flasche Champagner und vier Gläsern kommt er zurück. Er hat Tränen in den Augen.

50 etwas Unangenehmes erwarten

Übungen zu Die Überraschung

Kapitel 1

Ü 1 **Was passt zusammen?**

1.	auf dem richtigen Weg	a.	stecken
2.	die Zeit	b.	beginnen
3.	in Vorbereitungen	c.	erklären
4.	eine Ausbildung	d.	überbrücken
5.	auf einen Studienplatz	e.	haben
6.	genauer	f.	halten
7.	Geheimnisse	g.	bringen
8.	fest	h.	fühlen
9.	auf andere Gedanken	i.	warten
10.	sich nicht wohl	j.	sein

Kapitel 2

Ü 2 **Welche Sätze stimmen mit dem Text überein?**

	Ja	Nein
1. Amelie hat in der Zahnarztpraxis noch immer große Schwierigkeiten.	☐	☐
2. Die Eltern haben keinen Zweifel daran, dass ihre Tochter Zahnärztin wird.	☐	☐
3. Amelie wartet ungeduldig auf den Abend, den sie mit Hans verbringen möchte.	☐	☐
4. Die Theaterprobe in der Uni weckt in Amelie Erinnerungen an ihre Schulzeit.	☐	☐

5. Amelie hatte schon immer den Wunsch, Germanistik zu studieren. ☐ ☐

6. Amelie ist mit ihrem beruflichen Werdegang sehr zufrieden. ☐ ☐

7. Amelie empfindet das Bedürfnis, über ihre Zeit mit Daniel zu sprechen. ☐ ☐

8. Hans kann sich ein Leben mit Amelie gut vorstellen. ☐ ☐

Kapitel 3

Ü 3   Welche Zusammenfassung ist richtig?

A Amelie kommt nach Hause. Sie möchte mit ihrem Vater über das Familienfest sprechen und äußert ihre Wünsche zum Festessen. Sie berichtet ihrem Vater vom Verlauf der Prüfungen. Amelie macht sich Sorgen um ihren Vater. Sie findet ihn sehr verändert. Sie befragt dazu ihre Mutter.

B Amelie kommt nach Hause. Sie informiert ihre Eltern über ihre Abschlussprüfungen. Der Vater fragt Amelie nach ihren Wünschen, was das Festessen betrifft. Beim gemeinsamen Kaffeetrinken sprechen sie darüber. Amelie macht sich Sorgen um die Beziehung ihrer Eltern. Ihre Eltern wollen nicht darüber sprechen und antworten ausweichend.

C Amelie ist nach Hause gekommen, um mit ihrem Vater über das Familienfest zu sprechen. Der Vater fragt sie nach ihren Wünschen, was das Festessen betrifft. Amelie ist froh darüber, dass sie mit ihrer Ausbildung fertig ist. Sie wird Urkunde und Zeugnis zum Familienfest mitbringen.

Kapitel 4

Ü 4   **Beantworten Sie die Fragen.**
1. Wie lange leben Sarah und Thomas zusammen?
2. Wo wohnt Amelie meistens?
3. Wie oft besucht Sebastian seine Eltern?
4. Seit wann kennt Sarah Bernd?
5. Wie oft gehen Sarah und Bernd in den Tanzkurs?
6. Wie fühlt sich Thomas?
7. Welches ist Ihr deutsches Lieblingsessen?

Kapitel 1 – 5

Ü 5   **Tragen Sie die Antworten in die Kästchen ein.**
Achtung: ß = ss
1. Was haben auch beste Freundinnen? (Kapitel 1)
2. Welchen Schulabschluss hat Amelie? (Kapitel 1)
3. In welchem Theater hat Amelie das Schauspiel gesehen? (Kapitel 2)
4. Wie heißt Amelies Freund? (Kapitel 2)
5. Worüber will Amelie mit ihrem Vater sprechen? (Kapitel 3)
6. Wen hat Thomas nicht angerufen? (Kapitel 3)
7. Wo findet der Tanzkurs statt? (Kapitel 4)
8. Was sucht der Vater? (Kapitel 4)
9. Wer hat es sich am Fußende des Bettes bequem gemacht? (Kapitel 5)
10. Wo findet das Essen statt? (Kapitel 5)
11. Wohin geht der Vater? (Kapitel 5)

1	1								
2				2					
3		3							
4			4						
5						5			
6	6								
7							7		
8				8					
9			9						
10	10								
11		11							

Wie heißt das Lösungswort?

1	2	3	4	5	6	7	8	9	10	11

Kapitel 6

Ü6   Bringen Sie die Sätze in die richtige Reihenfolge.

a. „Ich möchte dich was fragen, Mutter."

b. „Wir sprachen wenig miteinander."

c. „Und wir besuchen zweimal in der Woche einen Tanzkurs."

d. „Plötzlich hatten wir Zeit für uns."

e. „Weißt du, Amelie, ich habe das Gefühl, dass sich wieder jemand für mich interessiert."

f. „Als dein Bruder und du das Haus verlassen hattet, um eure eigenen Wege zu gehen, wussten wir zuerst mit unserer Zeit wenig anzufangen."

g. Amelie hat die Hände ihrer Mutter genommen und sieht ihr direkt in die Augen.

h. „Wenn ich mit Bernd zusammen bin, fühle ich mich wieder als Frau."

i. „Nein, Mutter, so ganz verstehe ich das nicht. Du liebst doch Vater."

j. „Kind, wie soll ich das erklären?"

1	2	3	4	5	6	7	8	9	10
a									

Kapitel 7

Ü 7 Kreuzen Sie an. Was bedeutet …?

1. Es hat ihm die Sprache verschlagen.
   a. Er hat Schwierigkeiten zu sprechen. ☐
   b. Er hat eine starke Erkältung. ☐
   c. Er ist so überrascht, dass er nichts sagen kann. ☐

2. Sie kann sich ein Lächeln nicht verkneifen.
   a. Lächeln tut ihr weh. ☐
   b. Sie lacht laut. ☐
   c. Sie muss einfach lächeln. ☐

3. Mit halb offenem Mund
   a. still sein ☐
   b. seine Meinung sagen ☐
   c. staunend zuhören ☐

Kapitel 8 – 9

Ü 8   Welche Sätze sind falsch?

	Ja	Nein
1. Thomas fühlt sich von der Familie allein gelassen und überfordert.	☐	☐
2. Thomas setzt sich an den Computer und schläft sofort ein.	☐	☐
3. Thomas schläft drei Stunden.	☐	☐
4. Das Klingeln an der Tür weckt Thomas auf.	☐	☐
5. Seine Mutter teilt seine Sorge um Amelie nicht.	☐	☐
6. Gemeinsam gehen sie in das Wohnzimmer zurück.	☐	☐
7. Amelie geht am Pförtner vorbei in das Theater.	☐	☐
8. Herr Hauptmann ist Regisseur.	☐	☐
9. Eine Schauspielerin umarmt Herrn Hauptmann.	☐	☐
10. Amelie ist sich nicht sicher, wie sie sich verhalten soll.	☐	☐

Kapitel 9 – 10

Ü 9   Welches Wort gehört nicht dazu?
1. Erwartung, Freude, Hoffnung, Leidenschaft, Pförtner
2. Bühnenarbeiter, Dramaturg, Freikarte, Regieassistent, Schauspieler, Souffleuse, Statist
3. Applaus, Bühne, Garderobe, Kulisse, Notausgang

Kapitel 11

Ü10 Was gehört zusammen?

1. ein offenes Gespräch, in dem   a. Verdacht
   Probleme gelöst werden
2. ein sehr großes Durcheinander   b. Verzweiflung
3. eine Situation, die für einen   c. Gelegenheit
   bestimmten Zweck günstig ist
4. der starke Wunsch oder Glaube,   d. Aussprache
   dass etwas Positives geschehen
   wird
5. ein Zeitraum von zehn Jahren   e. Chaos
6. ein junger Mensch in der Zeit von   f. Jahrzehnt
   seiner Geburt bis zu dem Zeit-
   punkt, an dem er körperlich reif
   oder erwachsen ist
7. der Zustand, in dem keine Gefühle   g. Hoffnung
   vorhanden sind
8. eine Institution, in der Erwachsene   h. Volks-
   sich neben der beruflichen Tätig-   hochschule
   keit in Kursen weiterbilden
9. die Annahme, dass jemand etwas   i. Kind
   Verbotenes oder Illegales getan hat
10. Zustand, in dem jemand keine   j. Leere
    Hoffnung mehr hat

Kapitel 1–12

Ü11 Wer/Was überrascht Sie in der Geschichte am meisten?

Lösungen

Kapitel 1
Ü1 1j – 2d – 3a – 4b – 5i –
6c – 7e – 8f – 9g – 10h

Kapitel 2
Ü2 Ja: 2, 3, 4, 7, 8
Nein: 1, 5, 6

Kapitel 3
Ü3 B

Kapitel 4
Ü4 1. Sarah und Thomas leben
seit über dreißig Jahren
zusammen.

2. Amelie wohnt meistens
bei ihrem Freund.

3. Sebastian kommt nur
noch zu Familienfesten in
die elterliche Wohnung.

4. Sarah kennt Bernd seit
ihrer Schulzeit (aus ihrer
Schulzeit).

5. Zwei Mal in der Woche
gehen Sarah und Bernd
zum Tanzkurs.

6. Thomas fühlt sich einsam,
traurig.

7. Individuelle Antwort

Kapitel 1 – 5
Ü5 1 Geheimnisse
2 Abitur
3 Volksbuehne
4 Hans
5 Familienfest
6 Mutter
7 Volkshochschule
8 Rezept
9 Einstein
10 Terrasse
11 Markt
Lösungswort: GROSSMUTTER

Kapitel 6
Ü6 1a – 2g – 3j – 4f – 5d –
6b – 7c – 8e – 9h – 10i

Kapitel 7
Ü7 1c – 2c – 3c

Kapitel 8 – 9
Ü8 Falsch: 2, 3, 4, 7, 8, 9
Richtig: 1, 5, 6, 10

Kapitel 9 – 10
Ü9 1. Pförtner – 2. Freikarte –
3. Applaus

Kapitel 11
Ü10 1d – 2e – 3c – 4g – 5f –
6i – 7j – 8h – 9a – 10b

Kapitel 1 – 12
Ü11 Individuelle Antwort

MP3:
Die Überraschung
Eine Großstadtgeschichte

Gelesen von Paul Sonderegger

Regie:	Susanne Kreutzer
	Kerstin Reisz
Toningenieur:	Christian Marx
Studio:	Clarity Studio Berlin

unter www.cornelsen.de/daf-bibliothek